ECHO

by

Clémentine de Blanzat

Edit et Cetera Ltd.
www.familybookhouse.com
Member: Colorado Independent Publishers Asso.

© 2006 by Clémentine de Blanzat

All poems originally written in French.
Most English versions are renditions
intended to capture the essence of the
original works rather than direct translations.

Cover Art: Dicksey Aden
Cover Design: Linda Lane

ISBN: 0-9769989-0-4

Table of Contents

I want to thank, first of all, my sister Danielle for her words of encouragement into writing and publishing; this one's for you, ma Chérie!

My gratitude and full appreciation to Linda Lane, my editor/publisher, for her patience and her professional experience; you're the greatest!

My thanks also to my numberless friends for their support and the inspiration they provided me with.

To all, "Come Read with Me!" "Venez lire avec Moi!"

Clémentine de Blanzat

Echo,

Forme floue, aux yeux d'onyx
Dans l'entrée de mes pensées ;
Adossée contre les O et les X
Sans toit, sans rêves à repasser.

Sur le jardin blanc de ma page
Sans fleurs et sans bouquets,
Tu me souffles des mots sages
Que j'ouvrirai à temps donnés.

Notre rencontre brève, occasionnelle,
Me donne un tendre frisson.
Peut-être es-tu simple dentelle
D'un visage pâle dans l'horizon.

Ou bien, sait-on? Personne d'hier
Qui m'a croisée sur le trottoir ;
Ce sourire qui me soulève
Et le regard d'un beau soir.

Comme un Echo et mon jumeau,
Dans les canyons et les détours
De mes textes et de mes maux
Tu reviens, timidement, au petit jour.

Echo

In the doorway of my mind
A muse with eyes of onyx,
Without dreams to give away,
Leans against the O and X.

On the path of a blank page
Without flowers or bouquet,
Words of love you send to me
To open when skies are gray.

Our brief and sweet encounter
Sent chills up and down my spine;
You may be the simple lace
Of the far horizon's line.

Perhaps it was yesterday
That we walked past each other
A special smile lifted me,
The sweet look of a lover.

As an Echo...even my twin,
Into detours I am drawn,
From my poems and my pains
You keep coming toward the dawn.

50

Sa petite panse bien ronde,
Sa visière carrée sur l'œil,
Suivi de son compagnon
Un zéro gonflé d'orgueil.

J'ai dans ma main 5 décennies
Dans la paume de mon passé,
Elles sont venues sans trop d'ennuis
Et de sagesse m'ont rassasiée.

L'une après l'autre conte une histoire,
Années d'enfance, pleurs et sourires ;
Années remplies de rêves suaves
Et quelques fois de jours ternis.

Dans ce zéro mon bras se glisse ;
Avec défi pense à ses frères,
Chiffres suivants « in extremis »
Ne courrez pas, j'ai trop à faire...
....Je dois compter sur l'autre main.

50

With its plump little tummy
And a cap its head to hide,
It's trailed by its companion,
A zero puffed up with pride.

My hand enfolds five decades
Clutched in the palm of my past,
They came with little trouble
And with wisdom, which came at last.

They tell so many stories,
Tears and laughs from my childhood,
Years filled with dreams and wishes,
And some times not very good.

O'er my arm I slide the pride,
Defying the years to come,
Next fifty, please don't hurry,
So many things I've not yet done...
...I need to count the other hand.

A cœur nu,

Devant tes mots d'amour je n'me reconnais plus,
Tu effaces le temps et mes jours sont perdus.
Le regard brouillé d'un miroir à deux faces
Me donne l'éternité dans les heures qui passent.

Tes yeux qui me sourient déshabillent doucement
Ce cœur qui veut t'aimer, sans attendre un moment.
Sans honte et sans pudeur il se livre à tes mains,
Et glisse dans tes doigts, tendrement il est tien.

A cœur nu je veux être, dans ta vie, jusqu'au jour
Où tu diras, peut-être, qu'il n'y a d'autre amour
Que celui qui nous berce sur les vagues de nos rêves,
Chantant la mélodie de deux cœurs qui s'appellent.

Comment puis-je te dire combien cet amour pur,
Si vrai et si profond, de la sorte qui endure,
Du fond de mes entrailles veut crier au-delà
Des mers et des montagnes, te dire que je suis là.

Bare Heart

I am lost in your loving words,
Hours and days slip away from me,
In the mist of a double mirror
I envision eternity.

Your soft look strips away my shell,
My heart longs for your sweet caress,
To give itself only to you,
To be one in our happiness.

A bare heart I'll be till the day
When you tell me I am the one
Who'll ride with you the waves of dreams,
And make music when nighttime comes.

I yearn to speak of our pure love,
So enduring, so very dear,
To shout across mountains and seas
To tell you, "Please look! I am here."

Aimer et être aimée

Je nous vois dans la nuit très souvent,
Enlacés d'une étreinte d'amour,
Nos visages essoufflés se noyant
Dans nos yeux de saphir et velours.

Tu connais les désirs de mon cœur,
Doucement tu voyages dans mon âme.
Sans un mot, me couvrant de douceur,
En tremblant dans la joie de mes larmes.

Dans tes bras tu m'as prise tendrement,
Ta bouche m'allumant de ton feu,
Sans fin, encore vivre cet instant,
M'emporter dans tes rêves audacieux.

Sachant telle est la récompense
Des amours séparés par la vie
Pour avoir cultivé la patience,
Et s'unir pour toujours, chaque nuit.

To Love and Be Loved

I see us so oft in the night
In a warm and loving embrace,
Our faces glowing with sweet smiles,
Our eyes of velvet and sapphire lace.

You know the desires of my heart,
You travel within its domain.
In soft silence you cover me,
My tears sing a joyful refrain.

You wrap me in your loving arms
And light up my life with a kiss,
I want to live in this moment,
In your dreams of eternal bliss.

But I know the evening's reward
For those parted by daily life
Who have cultivated patience
And become one, always, at night.

Ode à Lucienne,

Couronne de cheveux blonds,
La dentelle bleue de tes yeux,
Reviens-moi et souris.

Une douce vie à vivre,
Avec toi j'en voulais deux,
Reviens-moi et souris.

Rayons d'or couchés,
Refrain d'étoiles argentées,
Reviens-moi et souris.

Ode to Lucienne,

Crown of golden hair,
The lacework of your eyes,
Come again and smile.

A sweet life to live,
With you I wanted two,
Come again and smile.

The sun shies away,
Silver stars singing above,
Come again and smile.

Avant la prochaine larme,

Je veux te donner milliers de baisers
Dans tes bras, blottie tendrement.
Mon cœur tout ému et chantant
Jamais cette nuit tu devras oublier.

Puisque mon cœur, ma vie, je t'ai si bien donné
Prévenante je suis, et aussi très prudente ;
J'ouvrirai donc pour toi le plus beau compte en banque
Où, lorsque te sentant seul, tu pourras y puiser.

Et crois-moi, mon Amour, jamais tu n'oublieras
La douceur de ma bouche sur la tienne,
La fraîcheur d'un parfum plein de fièvre,
Quand de cette banque mes baisers tu prendras.

Nos baisers doux et tendres, sous lesquels je succombe
La promesse de nos âmes a gardé sur mon cœur.
Je garderai sur moi la clef d'un vrai bonheur
Chaque nuit dans un rêve, jusqu'à la fin du monde.

Before the Next Tear

I'll give you thousands of kisses,
In your arms I will snuggle close,
My contented heart is singing,
This night you'll remember the most.

I've given you my heart, my life,
But I must leave you for a while,
So I'll open a kiss account—
When you're lonely, take some and smile.

My love, you will never forget
My sweet mouth on your tender lips
When you withdraw my warm kisses
And recall my soft fingertips.

I succumb to our caresses,
All our promises made I'll keep,
I'll hold tight the key of our joy
And dream of you each time I sleep.

Bienvenue,

Viens chez moi, c'est ouvert,
Prends ton cœur par la main ;
Assieds-toi, prends un verre
Et reste jusqu'au matin.

Tant de choses à se dire,
Tant de rêves à rêver,
Douce histoire à revivre,
Tendre amour à donner.

Le clin d'œil d'une étoile
Nous annonce qu'il est temps,
Grand temps de mettre sur toile
Ce ciel d'amour ardent.

Ta joie est contagieuse,
Heureux nous pouvons l'être.
En contemplant tes yeux
Je sens mon cœur renaître.

Effaçons le clair de lune,
Attisons notre foyer
Dans nos cœurs, où il s'allume ;
Nous passons le point d'rêver.

Welcome Back

Come on in, please, the door's open,
My goodness, it's been a long time
Since we have written or spoken,
Come closer, sit down, and unwind.

We've much to say to each other,
Many dreams together to dream,
Stories one after another,
And much love to give, it does seem.

The bright star overhead tells us
That the right time has come at last,
Time to put our love on canvas,
Ardent strokes on a sky so vast.

Your joy in us is contagious,
We'll be happy, no more forlorn,
Your eyes are loving, courageous,
And my bursting heart is reborn.

Our light's not the moon, but yearning,
Love's passion will create our fire,
In both of our hearts it's burning,
This time our sweet dreams won't expire.

Ce matin j'ai vu...

Avant d'ouvrir les yeux j'ai reconnu ta voix,
Dans mes pensées lointaines tu me parlais déjà.
Deux simples mots suffirent à effacer la peine
Gravée au fond du cœur attendant tes « Je t'aime »

Clochettes de muguet de ton amour cueillies
Font de ma vie en rose un coin de paradis ;
Les orages et les pluies ne pourront enterrer
Ce qui est né de nous, véritable Odyssée.

Et ce matin j'ai vu, dans mes songes d'Arc-en-ciel
Deux grands yeux pleins de joie à la douceur de miel.
Je voulais me noyer dans un désir de toi
Et devenir une seule, à nous deux, toi et moi.

This Morning I Saw...

Before I awoke, I heard your voice
From the depths of my mind calling true—
Three little words will remove the pain
Carved so deep in my heart..."I love you."

A flowering love garden is blooming,
A paradise with just you and me;
Storms and rains will never bury
Our passion, a true odyssey.

This morning I dreamed in bright color
Of your honeysweet eyes that I see,
And I wanted to drown in desire,
Become one in our love, you and me.

C'est Roxane !

Vous me regardez de là-haut
Et rencontrez mon regard triste ;
De temps en temps un p'tit morceau
Fait un plaisir d'être soumise.

Votre bon cœur m'avait sauvée
D'une vie triste et sans espoir.
Et maintenant j'suis bien gâtée,
J'ai même un lit dans le couloir.

Vous êtes vraiment Super pour moi,
Chaque jour est un nouveau plaisir.
Je peux jouer avec Flora,
Et aussi vous entendre rire.

Mais toute chose dite, malgré cela,
Il va falloir changer l'programme ;
Quand vous m'ap'lez pour venir là
Ce n'est pas « chien » mais c'est « Roxane » !

It's Roxanne

You look down at my sad face,
And I know that is your way,
And you know a little bite
Reminds me I must obey.

Your loving heart did save me
From life as a hopeless stray,
And now I am really spoiled,
I've a bed in the hallway.

You treat me like a princess,
Every day's a pleasure,
I play with Flora and see
Happiness in full measure.

After all is said and done,
Just one change I must demand,
When you call for me to come,
It's not "Dog," it is "Roxanne"!

Chimère ou Réalité,

Si tu es ce que j'imagine...
Tes yeux parlent de tendresse,
Un langage, amour d'origine
Qui berce le cœur dans une caresse.
Chimère ?

Sur ton visage baigné de soleil
Un nez vaillant est ta parure ;
Il te conduit à l'arôme du miel
Qui est pour toi une aventure.
Puis-je être sûre ?

Ta bouche surtout est surprenante
Elle a tellement de qualités ;
Elle sourit, murmure et chante
Les chansons douces de ta gaîté.
Serait-ce réalité ?

Si tu peux ainsi te reconnaître,
Amour, obsession de mes nuits;
Peux-tu enfin maintenant mettre
Ton sceau sur mes rêves de folies ?
J'espère...

Illusion or Reality?

Are you what I imagine?
Your eyes speak of tenderness,
Love's language, its origin,
Takes my heart in a caress...
Illusion?

On your face bathed by the sun
Strong lines are clearly displayed,
Your look, consideration
That is not a masquerade...
Can I be sure?

Your mouth is so surprising,
Such qualities it displays,
Smiling, whispering, singing
Your joy in melodic phrases...
Could it be Reality?

Is it you that I've portrayed,
My night's loving obsession?
Please apply, be my serenade...
Will you answer my question?
I hope...

Contrastes complémentaires,

En regardant l'Hiver aux lèvres froides et givrées
De notre dix huitième, où l'Eté a chanté ;
Je sens cette tendresse qui envahit mon coeur,
Le Chaud et Froid, ensemble, adoucirent la chaleur.

Les autres ? Ils nous observent d'un regard jaloux,
Quelques fois ils pensent même : Ils ne sont que 2 fous,
Disant que Sel et Poivre certainement nous étions ;
Ensemble ; le goût de notre amour est devenu si bon.

Oui, mon Chéri c'est vrai, nous sommes tout cela,
Et de plus, ce qu'ils ne comprennent pas :
Cet instant de rencontre du Jour et de la Nuit
Nous donne les couleurs d'un Coucher si joli.

Donc, tournons le dos à toutes ces bêtises ;
Et viens, délectons-nous de notre Chaud et Froid ;
L'amour assaisonné de notre Sel et Poivre,
Et garde moi blottie dans nos Jours et nos Nuits.

Complementary Contrasts

As I gaze at the cold lips of Winter
And remember our Summer's sweet song,
I feel loveliness grow in my heart
Where Hot and Cold together belong.

Others watching give way to envy,
Sometimes thinking we are not too bright;
They say we've become Salt and Pepper...
Yes, our love's a tasty delight.

Yes, my Love, we are all of those things,
But you can see they don't understand
How we bring our Days into our Nights,
The Sunset's colors at our command.

So on all their words we turn our backs,
In Hot and Cold we Warmly delight,
Season our love with Salt and Pepper,
And cuddle through each Day and each Night.

Convalescence,

Le puit noir et profond de ta vie
Je veux peindre en mer bleue ;
J'entends le souffle de ton sourire,
Les étincelles jaillissant de tes yeux.

Peux-tu ce matin accepter,
De mes mains, de mon cœur,
Un cadeau plein de bonté
Une effervescence de bonheur ?

Dans l'espoir de sécher ces larmes
Qui te tournent tout à l'envers ;
Te donner l'eau de mon âme
Pour effacer ce trou amer.

Tu dis qu'elle était belle,
Dans tes nuits elle restera.
Nous pourrons parler d'elle,
Ma compassion te couvrira.

L'amour d'autrui est chose sacrée
Ce qui rattache les cœurs sincères ;
Et c'est pourquoi je peux donner
A toi, d'amour, une rivière.

Convalescence

The deep, dark well of your life
I want to paint in sea-moss green,
The breath of your smile I hear
And the sparks in your eyes I see.

Please take my hands and my heart
In this soft morning dew so clear,
It's my gift to you of joy,
Sweet effervescence, oh, so dear.

I just want to soothe the sting
That has all your delight destroyed,
From the far depths of my soul
I want to fill this painful void.

You say she was beautiful,
From your dreams she will not depart,
You need now to speak of her,
I will listen with all my heart.

I know love is sacred,
To you and to me, love givers,
With our hearts in sync, I offer
To you, of love, a river.

L'art de mourir,

Que penser, que faire sur son lit de mort ?
Les dernières heures d'une vie s'effeuillent,
Quand les vents de l âme s'esquivent au-dehors,
Le soleil se couche, le ciel est en deuil.

Visions de demains tournent dans les yeux ;
Lendemains sans nom, lignes d'infinis.
Tourbillons d'étoiles et de poussière bleue
Reposent le cœur et tuent les soucis.

Souffle d'un miroir devant le visage
Reflète l'éclat des fièvres d'hier;
Quand l'amour courait dans l'herbe sauvage
Sous les arbres secs des oranges amères.

Mais que ferons-nous quand l'heure nous appelle
Lorsque Toi et Moi dirons nos adieux ?
Quand nos souvenirs semés à la pelle
Couvriront nos corps d'un parfum mielleux.

Le sourire aux lèvres je prendrai ta main,
D'un baiser de soie fermerai tes yeux
Avec la promesse de te voir demain
A la gare de l'Est sur un siège à deux.

The Art of Dying

What does one think or do when dying,
When evening's last hours glide away,
When through the open door, time's sighing,
And the sun and the moon grieve the day?

Tomorrow's visions dart through one's mind,
Nameless days dissipate into space,
From above, starry showers one finds
To bring the heart into peaceful grace.

A mirror's breath before one's countenance
Reflects fever's flame of past days,
When the wild grass waved to love's cadence
And the warm wind set our hearts ablaze.

What will we do when our time runs out?
When you and I must say good bye,
When sweet memories all thrown about
Of the lives we shared, you and I.

With a smile I will take your hand
And close your eyes with a soft kiss;
Then I'll promise to see you again
At the Station where tomorrow I'll sit.

D'hier jusqu'à demain,

Hier, je t'ai aimé, O oui, tant aimé ;
Le soleil, la lune s'étant réunis,
D'un nuage mousseux avaient fait leur nid
Nous berçant doucement sur l'éternité.

Hier, je t'ai aimé, O oui, tant aimé ;
L'ancre de mon âme accrochée à toi
Pleine d'espoir, d'ardeur et de joie.
Aujourd'hui, dis-moi, qu'est-il arrivé ?

Demain, je t'aimerai, toujours, à jamais.
Mon cœur restera blotti contre toi.
Toi seul peux nourrir cet amour de toi
Touchant d'un regard mon cœur enivré.

From Yesterday to Tomorrow

Yesterday I loved you completely,
When the moon and the sun became one;
Lulled into eternity sweetly,
On a bright cloud our nest we'd begun.

Yesterday I loved you completely,
My soul's anchor attached to you,
Hope, joy, and fervor absolutely,
But today where's your love so true?

Tomorrow I'll still love you forever,
My heart will cuddle up next to you,
You alone can nourish it, however—
Please feed my sad heart that's so blue.

Eternité d'un deuil ;

Je veux prendre mon cœur, le poser dans tes mains ;
Regarde profondément, vois cet amour si tendre,
Il a l'air d être neuf mais son nom est ancien,
Il s'appelle « Toujours » et il ne peut prétendre.

Dis-moi, que dois-je faire ? Je suis comme une enfant
Je tremble de désirs et je vis de mes rêves ;
Le sourire de tes yeux, dans l'espace du temps
Me poursuit constamment, me redonne nos hiers.

Le vide de mes entrailles s'étirant loin de Toi
Interpelle sans cesse les cendres de mon cœur.
Ce besoin de t'aimer m'effraye quelques fois
Et je souffre d'amour, m'enveloppant de deuil.

Eternal Grief

I want to place my heart in your hands—
Look at it, see the love that I send,
It seems new but its name is ancient,
It's called "Always" and it can't pretend.

Like a child, I require direction,
I live in dreams, knowing no new way,
The smile from your eyes, in space and time,
Haunts me with musings of yesterday.

The void in my soul stretches from you,
My burning heart obtains no relief,
My need to love you scares me again,
And I am sick forever with grief.

Etincelles de Tendresse

Je pleure des larmes de feu
D'un amour brûlant pour toi.
Mes pensées m'emportent peu à peu
Dans une passion toute hors-la-loi.

Dans le velours d'une soirée rose
Je veux m'habiller de tes baisers,
En te disant ces petites choses
Qui rend ton cœur papier mâché.

Ton corps si doux contre le mien,
Bien gentiment, jusqu'au matin ;
Et puis de voir dans tes beaux yeux
L'extase d'un être qui est heureux.

Tel devrait être l'amour sincère
De Deux, devenant Un.
Dans ce poème est ma prière
Que mon amour devienne le Tien.

Sparks of Tenderness

Hot tears of fire I am crying,
For my heart burns with love for you,
My thoughts take me slowly away
To a forbidden tryst for two.

In the pink velvet of ev'ning,
Wrapped in your kiss I long to stay,
I want to whisper winsome words,
Turn your heart to papier mâché.

I want your sweet warmth by my side
Till the soft morning light we see
And your beautiful eyes convey
Your pleasure in our ecstasy.

This is just as our love should be,
Our joining as husband and wife,
It's my hope, my dream, and my prayer
That this love will become our life.

Goliath et Belladonna

Dans mes pensées troublées
Un Géant, je vois marcher ;
Toujours prêt à faire la guerre
Il devient parasitaire.

Quand les meilleures intentions
Dans ma tête prennent le ton,
D'une grosse voix de tonnerre
Il les envoie tout en l'air.

Il me tourmente sans cesse
Et m'habille de faiblesse ;
Belladonna, seulement,
Pourrait m'aider cet instant.

La belle dame aux perles noires
Sera invitée un beau soir
A un Thé vraiment spécial,
Certes, à jamais, abolira mon mal.

Nous voici assises, face aux sourires blanchis,
Belladonna si belle, en robe de satin gris,
D'une main tremblante, j'accepte sa tasse de thé
A Goliath je la passe, de suite, sans hésiter.

Goliath and Belladonna

The giant in my troubled thoughts
Knows nothing of chivalry;
Always ready to go to war,
He steeps me in misery.

When my intentions are the best,
He tumbles my mind about;
In his cold and thundering voice
He throws good intentions out.

His pleasure is to torment me,
With weakness he sews my cloak;
Only Lady Belladonna
Can help me escape the bloke.

This beautiful black pearl Grande Dame
Today I'll surely invite
To a Tea so special indeed,
And she'll end my pain tonight.

We sit face to face and smiling,
Belladonna, in silk, does wink,
I reach out for her cup and pass it
O'er to Goliath to drink.

Haïka,

Un rossignol
sans sa jolie chanson
n'est qu'un oiseau.

Un tendre coeur
sans véritable amour
n'est qu'un organe.

Chantez, aimez!
avec force et tendresse ;
demain est passé.

Haïka

A nightingale
without a lovely song
is just a bird.

A tender heart
without an endless love
is an organ.

We sing, we love
forcefully, tenderly,
tomorrow's gone.

Hiver inassouvi,

Etoiles de prairies blanches et rêves glacés,
Cris, gémissements d'un vent aux lames d'acier,
L'hiver au manteau d'hermine a mis ses souliers.

Mon cœur en lune, éclaire la nuit de ses rayons ;
L'ombre de ton âme, je perçois, au-delà du sillon,
Piste gravée dans mes veines, qui semble être ton nom.

Seule, dans la peau de cet hiver inassouvi,
Je ne peux oublier, nos souvenirs meurtris
Par les sables du temps et des larmes sans vie.

Our Winter of Discontent

Fields of white stars and frozen dreams
Crying aloud in windy screams—
Winter has donned his boots, it seems.

Distant moon rays cast a dim light,
Your shadow I see to the right,
Your name's carved in my veins tonight.

In our winter of discontent
Past memories bring present torment
Of shed tears and endless years spent.

Intimité,

Impossible de séparer
Nos cœurs tendrement attachés ;
Tu me donnes tant de plaisir
Ivresse d'amour et de désir.
Mains de velours dans tes caresses
Immuable souvenir de tendresse ;
Trente et un mille de nos baisers
Eternellement multipliés.

Intimacy

Into me see
None other than me;
Tender, trusting, and true,
I my love now renew;
Memories fill me with you,
Another love will not do;
Come again, fly with me,
Your dreams can now be.

Invitation Cosmique,

Viens vite, entre dans ma galaxie,
Viens faire un tour sur mon Etoile.
Tu verras milliers d'aujourd'huis
Dans les couleurs de l'incroyable.

Traversant cette rivière d'argent
Tu recevras de beaux sourires ;
Un clin d'œil de temps en temps,
L'avant-première de notre av'nir.

Dans l'intensité du silence
Nous ferons trembler le ciel ;
Les Etoiles feront leur danse
Pour célébrer notre Arc-en-ciel.

Nous ne voudrons plus atterrir
Dans ce monde désagréable,
Mais continuer à conquérir
Les émotions qui nous enflamment.

Cosmic Invitation

Come quickly into my Galaxy,
Jump on a star and take a ride,
A thousand todays your eyes will see
Where incredible colors reside.

Crossing this silver river sublime,
You'll be bathed in beautiful smiles
And a little wink from time to time
As scenes from our future beguile.

In the sound of thund'rous silence
We will make the skies tremble so,
And the stars around us will dance
To celebrate our own rainbow.

Our heads in the clouds will remain,
From this uneasy world stay above,
To conquer our worlds untamed
In our runaway wonders of love.

J'ai écris,

J'ai écris ton nom sur une page de papier
Mais le vent a soufflé et il s'est envolé.

J'ai écris ton nom sur la paume de ma main
Mais un savon parfumé l'a lavé au matin.

J'ai écris ton nom dans le sable doré
Mais les vagues affamées bien vite l'ont avalé.

J'ai écris ton nom dans un coin de mon cœur
Il restera baigné dans le sang de mes pleurs.

I Wrote

I wrote your name on a piece of paper,
  But the wind came and blew it away.

I wrote your name on the palm of my hand,
  But scented bubbles stole it that day.

I wrote your name on a golden seashore,
  But lapping waves caused it to decay.

I wrote your name in the depth of my heart,
  In the blood of my tears it will stay.

Je crois...

Quand ton regard m'enveloppe de frissons
Et que ta voix, doucement, dit mon nom...
Je crois.

Quand les matins s'éveillent dans ta douceur
Et que d'être avec Toi est, sans fin, mon bonheur...
Je crois.

Quand deux mains douces qui parlent d'amour
De mon visage, soulignent ses contours...
Je crois.

Quand d'un baiser ardent tu prends ma voix
Et dans ton âme je fonds, devenant Toi...
Oui, je crois... en Toi.

I Believe...

When your sweet gaze makes me shiver,
And your soft voice whispers my name...
I believe.

When mornings spell your gentleness
And being with you is my joy...
I believe.

When your two hands cradle my face
In a loving caress so dear...
I believe.

When your ardent kiss consumes me,
In the depths of your soul I drown,
Yes, I believe...in You.

Je veux pleurer,

Dans l'oreiller des nuits,
Dans les duvets de fièvre
D'un amour désuni...
Je veux pleurer.

Sur le sentier des roses,
Sur les nuages d'ennuis,
Sous un arbre de la Beauce
Je veux pleurer.

A la rivière des temps,
A la mer d'Albatros,
Au soleil d'un printemps
Je veux pleurer.

Je veux pleurer de Toi,
Je veux crier au vent :
Je peux mourir pour Toi
Mais...Je n'ai pas le temps.

I Want to Cry

In the pillows of night,
In a fever's softness
Of a broken Love
I want to cry.

On a path of roses,
On the clouds of boredom,
In the shade of a tree
I want to cry.

To the river of time,
The longing of the sea,
To the sun in springtime
I want to cry.

I want to cry for you,
I want the wind to scream
That I could die for you,
But...I don't have the time.

J'entends ta voix,

Dans les appels du vent qui hurlent sur les plaines,
Jusqu'aux cigales d'argent qui chantent à perdre haleine ;
J'entends ta voix.

Quand un ciel épais, gris, couvert de nuages sombres,
Roule ses airs profonds en étendant son ombre ;
J'entends ta voix.

Quand deux rivières bleutées, se tenant par la main,
Courent aux bras de la mer pour baiser le dauphin ;
J'entends ta voix.

Même, quand sous mes pas, dans une forêt très dense,
Aucun bruit ne me vient pour me faire révérence ;
J'entends ta voix.

Et dans ma solitude, débordant de ta joie,
Couverte de caresses, suivant le court des doigts
De tes mains amoureuses revêtues de mes rêves ;
Je bois au long des nuits, la moiteur de tes lèvres ;
Et...encore...j'entends ta voix.

I Hear Your Voice

In the winds calling from the plains to the sea,
In cicadas' songs stealing my breath from me,
I hear your voice.

In dark clouds rumbling across gray skies,
In deep shadows cov'ring the ground with sighs,
I hear your voice.

When two blue rivers hold each other's hand
And run to the sea to kiss the dolphin,
I hear your voice.

As I walk the path on the forest floor,
Sweet silence brings no sound to the fore,
But I hear your voice.

And in this solitude my joy overflows,
For the warm tenderness your caress bestows;
I dream dreams of love and of endless bliss,
Drinking the wine of your adoring kiss,
And....again...I hear your voice

La dernière danse,

Si jamais le temps se montre suffisant
A la dernière étape, minutes de notre vie ;
Je te demanderai, mon Trésor, cette danse
La valse qui si bien, peut manger nos soucis.

J'aimerai la danser, lentement... avec Toi...

Sur mes reins dénudés, la paume de ta main
Doucement me guid'ra dans les sillons brûlants
Des poussières de nos rêves, de nos amours divins ;
Suivant les doux soupirs d'une musique à 3 temps.

J'aimerai la danser, doucement... dans tes bras...

Alors nous pourrons voir la musique qui se glisse
Dans les vagues mousseuses de notre désir fou,
Suivant les dernières notes soulevées par la brise
De tes baisers fougueux, O mon Dieu, qu'ils sont doux !

J'aimerai la danser, tendrement... Toi et Moi...

The Last Dance

If at the end our time is sufficient
In the last moments of life that we share,
For a dance I would ask you, my darling,
A waltz to whirl away worry and care.

I'd love to dance it slowly...with You...

Your hand on my bare back would rest,
Guiding my moves to the path of love,
To bask in the dust of our dreams
Caressed by the music's kid glove.

I'd love to dance it softly... in your arms...

When the music slips into its last notes,
Torrential waves of desire to unleash,
I'd succumb in the warmth of your arms
To your kisses so loving, so sweet!

I'd love to dance it, tenderly...You and Me.

La Femme à l'Ombrelle,

Chaque matin nuageux je la voie,
Dans son pas gracieux et robe de soie ;
Sur le sentier fleuri, ne me voit pas,
Oh, seulement entendre sa voix.

Chaque jour, doucement, je la suis des yeux,
Une envie de parler, mais je ne peux,
Me demandant de quel rêve, de quel lieu
Est-elle venue, si belle dans mon ciel bleu.

Face à la mer, elle ignore ma présence ;
Et même si je fais pour elle une danse,
De voir son beau visage, aucune chance
Car un voile complice l'a caché d'avance.

L'ombrelle protège une peau lisse, c'est sûr,
Une énigme jour et nuit sur le mur.
Claude Monet m'a bénie de sa posture,
Si jeune et belle, son artistique créature.

Woman with Umbrella

Each cloudy morning I see her
When in her silk dress she stands near,
'Mid the flowers, she looks not at me,
Oh, if only her voice I could hear.

Each day my gaze seeks her presence,
I want to speak, but words won't come,
I wonder what dream or what place
This lovely young lady hails from.

Looking seaward, she cannot know
I'm there, for my face she can't see,
And should she look my direction,
Her gauze veil hides her face from me.

The umbrella shields her fair skin,
On my wall she hangs center stage,
Thanks, Claude Monet, for this pleasure,
This beauty that never will age.

La meilleure cigarette,

Il y en a eu, c'est sûr, des douzaines,
Certaines meilleures que les autres.

Celle qui, après un bon dîner
S'unissait au Brandy de Léon,
Et qui, dessous le chandelier,
De sa fumée tournait en ronds.

Il y avait celle que l'on allume
Au parc, assis sur un banc ;
Regardant l'enfant qui s'amuse
Lui souriant de temps en temps.

Celle aussi, très importante
Au matin avec son café,
Elle aidait à se détendre
Pour écrire et poêter.

Une, peut-être indispensable,
Venait toujours après l'amour.
Elle allumait l'éclat de l'âme
Et promettait bien des retours.

Mais la meilleure des cigarettes !
Il faut le dire très honnêt'ment
Est celle jetée par la fenêtre
A tout jamais...tel un serment.

The Best Cigarette

You have smoked dozens of cigarettes,
Some bad, some as good as it gets.

The one you enjoyed with a Cognac
When the end of a meal was near
Sent swirls of smoke to the ceiling,
Lacy wisps 'round the chandelier.

Then you would light up another
As you sat on the bench in the park,
Watching children play in the sunshine,
Dreaming of the past until dark.

And another, the first of the morning,
To help you relax, so you say,
While at your desk you're writing,
Is important in starting your day.

The one you could never give up
Comes after a loving endeavor,
It lights up the soul within you
And seals a promise forever.

But the best of all cigarettes—
We must here speak with conviction—
Is the one thrown out of the window
With an oath to end the addiction.

L'amour tranquille,

Je t'aime d'amour tranquille,
Plein de sourires et de baisers
Regards soleils et ciels d'été ;
Car de t'aimer est si facile.

Doucement...lentement...je t'aime ;
Dans le silence de nos nuits
Sous les rayons de nos minuits,
Voluptueusement... je t'aime.

A marrée haute, à marrée basse, je t'aime,
Flottant ici et là dans tes pensées
Baisers et larmes d'eau salée,
D'un pied à l'autre d'un Arc-en-ciel ; je t'aime
D'amour tranquille.

Tranquil Love

My tranquil love is all smiles,
My heart's kisses overflow,
A sweet glance, a summer sky...
It's easy to love you so.

Softly...slowly...I love you
In the silence of dreamy nights,
In the moonlight of starry skies
That pales in our love so bright.

At high tide I still love you,
At ebb tide you fill my mind,
Warm kisses and salty tears
Say I love you for all time
With a tranquil love.

Le Baiser,

D'une maman, un baiser tendre et doux
Avec une légère caresse sur la joue ;
Les yeux brillants, l'enfant heureux
Reconnaissant, lui en donne deux.

Dans les rencontres de bons amis
Un bisou est toujours gentil ;
Il souligne nos meilleurs souhaits
Pour chacun, chacune, c'est vrai.

Mais le plus beau de tous les baisers :
Celui par les amants inventé.
Avec force, il attache deux cœurs
En les env'loppant de douceur.

Lorsque deux souffles se confondent
Et que l'on sent nos corps se fondrent,
Dans des bras soyeux d'amour
Puis dans nos veines le désir court.

Les yeux fermés nous oublions
La terre, le ciel, en tourbillon.
Deux corps en vie, devenant un ;
Baiser d'amour, le mien, le tien.

The Kiss

From Mother a soft, tender kiss
And a light caress on the face,
From a smiling and happy child
Two kisses on her cheek he'll place.

When good friends are meeting together,
A welcome kiss shows their affection
And their good wishes for each other,
A kinship that's almost perfection.

But the greatest of all the kisses
Are the ones invented by lovers
To bring two hearts into union
In serenity like no other.

When two breaths merge into one,
Bodies meld in sweet syncopation,
In the arms of unending love
Desire fills them with adoration.

Forgetting all except each other,
Leaving the earth and sky behind,
Two living beings become as one,
The kiss that is love, yours and mine.

Le Brouillard,

Au lever du matin, le brouillard s'est assis ;
Seul, le gris d'un hiver sur une foule endormie.
Sur un petit sentier, couvert d'une gelée blanche
Les empreintes d'un jour vide courent vers la démence.

Le réverbère du coin, aux yeux pâles nous regarde,
Son regard brouillé à l'épaisseur de jade ;
Comment peut-il comprendre ces deux êtres lassés
Perdus dans l'inconnu de nos rêves émaciés.

Nous tenant par la main à l'aube du départ,
Le trajet comprenait les années de plus tard.
Mais les ronces, les épines ont abrégé l'eau vive,
Et nous voici devant la sècheresse de nos rives.

Attendant patiemment le brouillard se lever ;
Aucun mot ne sortait de nos lèvres figées.
Je voulais te serrer tellement fort sur mon cœur
Mais tu es resté sourd au cri de ma douleur.

Et pourtant le brouillard, lui-même devra passer;
Un rayon de soleil viendra faire voir son nez.
En redonnant la vie à ce cœur qui ne bat,
Je pourrai m'endormir dans le creux de tes bras.

Fog

Dawn breaks and the fog's rolling in,
Winter gray robs the unknowing mind,
Frost covers today's memories,
The eyes that have seen, it will blind.

Blurred as though shimmering through jade,
At the corner a gaslight's pale beam
Can't enlighten our weary souls
That are lost in a disrupted dream.

Holding hands in our early days,
Our voyage of long, happy years
Gives way to the thorns and thistles,
And the drought of our lives drowns in tears.

Yet we wait for the fog to lift,
Not a word from our lips complain—
I want to hold you close in my heart,
But you are deaf to my cries and pain.

The dementia will not be forever,
The sun will soon shine in its place,
This dead heart will come back to life,
And I'll doze in your warm embrace.

Le Cadeau,

Les yeux brillants et les joues roses
Dans sa jolie robe de printemps,
Elle attendait cette petite chose,
L'était promise depuis longtemps.

Ses cris de joie comme une chanson
Faisaient sourire son entourage ;
Son petit cœur plein de frissons,
Inoubliable, une douce image.

Dix petits doigts, un ruban rose,
Elle prend son temps, émerveillée,
Sa petite bouche en cœur de rose
Embrasse les joues d'une poupée.

Nos cœurs aussi sont affectés
Lorsque l'on donne ainsi la joie.
Un mot ou deux peuvent effacer
Des nuages gris un peu sournois.

Combien j'aimerai m'envelopper
D'un papier rose et nœud de soie,
Comme un cadeau, puis m'envoyer
A cet endroit qui est « Chez Toi ».

The Gift

With bright eyes and pretty pink cheeks,
She is waiting in her best dress
For fulfillment of a promise,
Her excitement she can't suppress.

With joy like the words of a song,
She smiles at her family there,
Her heart shivers in eagerness,
She's the picture of hope so fair.

Small fingers untie a bright bow,
She gasps in excited bliss,
Her mouth takes the shape of a heart
As she gives her new doll a kiss.

All watching are touched by her joy,
Glad to be part of the giving,
Gifts of love can erase gray clouds,
Remind one that life's worth living.

I know that if only I could,
In pink paper and bows I'd dress,
A gift to make all your world right,
I'd send myself to you "Express."

Le Marché des Rêves,

Au Marché des beaux Rêves, je suis enfin allée,
Sur ce sentier fleuri de violettes aux abeilles.
Le cœur battant bien fort et les yeux attirés
Par une musique douce aux couleurs de vermeille.

Des mains qui dessinaient la forme d'un amour
Ouvrirent la première porte qui se fut présentée.
Mes pensées tourmentées d'un besoin d'être aimée ;
Me voilà face à face avec un troubadour.

Un artiste doué, le sourire dans les yeux
Il fredonnait des mots d'amour déjà usés ;
Voyant ma déception, il me dit : Si tu veux,
Mille rayons de soleil je pourrai te donner.

Bien sûr, n'étant pas née de la rosée d'hier,
J'ai du prendre la fuite sans même le remercier.
Une main en peau d'amour, la caresse d'un vent tiède
Me poussa lentement sur l'arc-en-ciel d'été.

Les couleurs multiples d'un amour bien réel
M'aveugla un instant d'une force de diamant.
Le cœur plein maintenant, débordant de ton ciel,
L'univers tu me donnes, tout cela en m'aimant.

Et depuis Toi, je suis, la plus aimée des femmes,
Dans ta douceur d'amour, ton cœur peut me parler
De jours jamais connus, de mots mouillés de larmes
Qui berceront nos nuits, tant que l'on peut Rêver.

Market of Dreams

The Market of Dreams, it drew me
Down a flowered path with honey bees,
My heart pounded as I reached out
To soft music and lively breeze.

Hands sketching the soft shape of love
Found a door and opened it there,
My sad heart needing affection
Saw the face of a poet fair.

A wordsmith, he smiled with his eyes
And offered a most tempting tour,
Fed my longing with sweet nothings,
Said, "A thousand suns can be yours."

I took flight and cried, "No, thank-you,"
For I wasn't born yesterday,
Then I felt a gust of a warm wind
Push me toward a bright rainbow's rays.

The colors of love blinded me,
In an instant they filled the sky,
My heart gorged to overflowing,
Not a thing I want you deny.

Since that moment I'm most loved,
In softness you whisper to me,
You fill my life with delights
And our dreams that will come to be.

Les doigts de mon clavier,

Sur la toile du Net, les doigts de mon clavier
Me conduisent fidèlement au-delà des frontières.
Calmement, sans chaos, mon cœur peut voyager
D'un nuage aux étoiles, sur l'horizon des mers.

Je témoigne le fantasme d'un beau lever d'soleil
Habillant la nature de couleurs parfumées ;
Avec un double click, Madame lune se réveille
Et me donne sa beauté sur la pointe des pieds.

J'ai pu connaître à fond les plaisirs et coutumes
De milliers de personnes que je ne peux toucher ;
J'apprends à les aimer, quelques fois ils m'amusent
Ils deviennent pour moi un dessin animé.

Des pays fantastiques font partie de ma vie
Peuplés de fleurs diverses comme un jardin d'Eden ;
Et quand mon cœur est triste, a du mal à sourire,
Il part la bride en main, et chevauche les plaines.

Sur l'Emeraude Irlandaise il a posé le pied
Admirant ses maisons couleurs Monopoly.
De la Grèce au Liban nous nous sommes promenés
Aux quatre coins du monde existe un Paradis.

Donc, si mon absence parfois est un peu prolongée
Comme un Christophe Colombe, je fais mes découvertes ;
Je cueille mes souvenirs, des soleils en brassées
Et pour tous mes amis je garde la porte ouverte.

My Keyboard's Fingers

On the Net's canvas, my keyboard's fingers
Transport me to lands near and far,
Calm and collected, my heart can travel
Past the horizon to the stars.

I can watch a magnificent sunrise
Spray Mother Nature with perfume—
A double click, Lady moon awakens
And dances to Clair de Lune.

I can sample the pleasures and customs
Of peoples I never will meet,
I learn to love them and with them I laugh,
Our delight so funny, so sweet.

Fantastic countries are part of my life
Like May's flowers after April's rain,
When sadness fills me and I cannot smile,
I ride the wind across the plain.

On the Emerald Isle I put down my foot,
Its homes bright like Monopoly;
From Greece to Lebanon I am walking,
A world paradise there will be.

If my absence is sometimes extended,
Like Columbus, I do explore,
Making memories where the sun rises,
And for friends I leave open the door.

Leurs belles années,

Age d'or aux cheveux d'argent, beauté de nombreuses années,
Tant de rires et de sagesse derrière vos beaux yeux vitrés.

Age d'or aux cheveux d'argent, aux mains mûres et noueuses,
Montrez-moi les mailles du temps, écoulées dans les adieux.

Age d'or aux cheveux d'argent, aux petits pas hésitants,
Emmenez-moi sur le chemin de vos journées d'antan.

Age d'or aux cheveux d'argent, sourires aux lèvres figées,
Parlez-moi de vos exploits et de vos amours d'été.

Age d'or aux cheveux d'argent, au cœur plein de bonté,
Donnez-moi cet amour que si facilement vous semez.

Age d'or aux cheveux d'argent, avant que la lune s'éteigne,
Dansez, chantez cette chanson à chacun de vos réveils.

Golden Years

Golden age and silver hair, the years beauty belies,
So much laughter and wisdom lie behind your eyes

Golden age and silver hair, gnarled and wrinkled hands
Show each stitch of time in life's cloth of woven strands.

Golden age and silver hair, with your unsteady stride,
On your paths of yesteryear let me take a ride.

Golden age and silver hair, with your forever smile,
Tell me of your summer loves and those you've beguiled.

Golden age and silver hair, with a heart that cares,
Give me this love you are so generous to share.

Golden age and silver hair, the moon's fading from the sky,
Dance and sing this song before the music dies.

Liberté en plein air,

Son regard bleu fixé sur le cercle des ondes,
Ses pieds nus caressaient la peau brune d'une ombre.
Réflexions de son cœur faisant briller ses yeux,
Un matin sans pareil, ne pouvait être mieux.

Son Ami patiemment attend une main douce
Qui le guidera doucement aux rives de la source ;
Pour qu'ensuite sans restreint, leurs cœurs à l'unisson
Ils voyag'ront les plaines, les monts et leurs vallons.

De deux mains caressantes elle embrasse son regard
Lui murmure des mots doux »Il n'est jamais trop tard «
Corps à corps elle l'enlace, le visage tendrement sur son cou,
Lui caresse le ventre d'un geste des plus doux.

Sans une minute à perdre, le voici emporté
D'une ardeur sans égale il va la transporter
Aux pays des oublis, aux vents de l'espérance :
Sa joie entre les jambes...la Beauté du Mustang

Freedom in the Outdoors

Her blue eyes watching the ripples,
She lies by the wide, winding stream,
Barefoot, she caresses a shadow,
This morning she will find her dream.

With patience he waits for her hand
To guide him where they are to go,
Without fetters their hearts unite,
They'll travel to a golden glow.   .

With softness she kisses his face,
Whispers, "It is never too late!"
She leans close and touches his neck,
Strokes him gently and opens the way.

With fervor they meld into one,
Wind whistles and morning bells clang,
They're on the trip of a lifetime,
Beneath her thigh...her beloved Mustang!

L'odeur du vide,

L'odeur du vide, c'est un nuage couvrant l'éclat
D'un regard plein d'amour qui ne sera plus là.

C'est l'horizon qui tire mon souffle et mes appels
De la fenêtre ouverte et qui lui tend les ailes.

L'odeur du vide, c'est un sourire figé d'hier
Aux yeux mouillés et tristes dans une toile de poussière.

C'est la larme cachée au fond d'une prunelle
Le rendez vous prévu, perdu dans les ruelles.

C'est un roman écrit d'une encre presque invisible
Dont les frissons d'amour sont devenus la cible.

C'est une vie déchirée au dix huitième chapitre
J'aurai du commencé avec un meilleur titre.

The Scent of Emptiness

The scent of emptiness, a cloud's rainy day,
Is a lover's gaze with the light gone away,

The distant horizon that robs my breath
As its wings stretch over the sea to death.

The scent of emptiness, yesterday's smile,
Is a sad walk on this life's lonely mile,

The tiny tear that hides in the eye
As the hope of love fades 'fore we die.

The scent of emptiness, words of regret,
Is an encounter we strive to forget,

A torn life told in just eighteen chapters
And time a new title to go after!

Ma prière,

Après avoir semé tant de larmes et de rires
Dans la poussière de nos terres lointaines,
Après avoir mangé le pain de nos délires
Bu les soleils d'automne pour effacer la haine ;

Un espoir vibrant, dans mon cœur venant naître,
La vision d'une promesse aux nuages mousseux.
Dans les rayons de nuits elle nous a été faite,
Le cordon de la vie, le don le plus précieux.

Dans les trous de ma flûte, dans le chant d'un oiseau
Je veux voir le sourire d'un enfant sautillant,
Les mains de la vieillesse retirer son chapeau ;
Les yeux bleus de ma mère et ses cheveux d'argent.

Je ne veux plus l'angoisse qui fait frémir la chair
Ni les tempêtes du temps séparant les amants.
Je ne veux plus courir comme le fleuve à la mer
Et oublier les heures de roses et de safran.

Ma prière, de mon cœur, et de mes mains tendues
Est de voir cette promesse, couleur de l'Arc-en-ciel
Revêtir notre terre que nous croyons perdue
Et donner à chacun la Paix venant du ciel.

My Prayer

After sowing many laughs and tears
In the dust of our faraway lands,
After eating the grains of our sorrows,
Drinking fall's sunshine to ease pain's hand;

A vibrant hope has been born in my heart—
A vision in white foamy clouds I saw,
Given us in a shaft of night's moonlight,
The cord of life: The most prized gift of all.

In my flute's soft sounds, in the bird's song,
I want to see a dancing child smile,
The wrinkled hands of age doff a hat,
Mother's eyes, silver hair, and profile.

May I not see the fear that chills bones,
Nor time's storms parting lovers forlorn,
May I not flow to sea as a river,
Nor forget the sweet roses and saffron.

My prayer from my heart's outstretched hands
Is to see in soft rainbow shades
New life on the Earth that's dying
And for each one, the Peace Heaven-made.

Mea culpa,

Dans le sol fertile de ton cœur engagé,
Quelques graines volées, sagement j'ai semé,
Ces graines ; tu cachais, voulant tout oublier ;
Oui... Je suis coupable.

D'avoir vite monter les échelons d'un ciel
Chacun de mes pas tournait en étincelles,
Passion et tendresse couvrant cette échelle ;
Oui... Je suis coupable.

Puis d'ouvrir la mer si longtemps dormante,
Inondant tes nuits de vagues frémissantes ;
Ne pouvant fermer ce fougueux torrent ;
Oui... Je suis coupable.

De fermer tes yeux d'un baiser si doux
Mes mains en caresses pour te rendre fou ;
De te voir mourir dans mes bras d'Amour ;
Oui... Mea maxima culpa.

Mea Culpa

In your heart's soil where solitude has grown,
Priceless small seeds with great care I have sown...
You turned away, but they grew on their own—
Mea culpa...it's my fault.

From the soft sky, a ladder I fashion,
Each rung leading to love and to passion,
Stars light the evening that once lay ashen—
Mea culpa...it's my fault.

Giving life to the sea barren with blight,
A torrent of fire from darkness brings light...
Its thundering waves are flooding your night—
Mea culpa...it's my fault.

To close your eyes with a kiss most divine,
To see you die in these warm arms of mine,
Ecstatic with love, our hearts intertwine—
Mea maxima culpa...it's all my fault.

Métamorphose,

La petite chenille avançait lentement
Se sentant très seule sur l'écorce du temps.
Les yeux brouillés, les pensées très amères
Espérant ne jamais voir, un autre lit d'hiver.

Noyée profondément dans la mer de ses pleurs,
Elle n'a pas vu venir cette brise de couleurs.
« Petite chenille d'été, dis moi quel est ton nom ?
Et que fais tu ici, perdue sur ce vieux tronc ? »

Surprise par cet appel d'une telle créature
Timide elle répondit «Douce» de sa voix à l'eau pure.
« De te voir et t'entendre, ce nom est bien à toi,
Une voix de douceur et vêtement de soie. »

« Aimable vous êtes, même de me regarder
Je ne suis pas grand-chose ; un lacet de soulier.
Mais vous, de couleurs si vibrantes
Dîtes-moi, qui êtes vous, pourquoi ces compliments ? »

« Je suis un papillon d'une lignée Royale
Recherchant l'âme sœur pour l'emmener au bal.
Votre regard si doux a attiré mon cœur
J'ai pensé que peut-être j'y trouv'rai le bonheur. »

« Qu'attendez vous de moi, humble petite chenille,
Comme vous, ne peux voler au-delà des jonquilles.
Pourquoi m'offrir un rêve vêtu de vos nuages
Un amour si lointain, voyons, devenons sages. »

« Ma Douce, écoute moi, et ne prend pas la fuite,
Laisse ton cœur frapper à la porte de ta nuit.
Force un peu cet amour qui peut donner des ailes
Et vole dans mes bras, ma Douce, tu es si belle. »

Metamorphosis

A lonely yellow caterpillar
Crawls along the old trunk of a tree
With cloudy thoughts and watery eyes,
Knowing another winter she won't see.

Blinded by tears of despair,
She misses the colors so bright—
"Little caterpillar, what is your name?
Tell me, why do you hide from the light?"

So surprised by the call of another,
She says, "Velvet," in a voice pure and sweet.
"That well fits your sound and your image,
A soft vision serene and complete."

"Who are you, Sir, to address me?
I am unworthy of even your words,
A mere shoelace is all that I am,
Yet you, Sir, can fly with the birds."

"I'm a butterfly of a royal lineage,
Seeking a soul mate to take to the ball,
The warmth in your eyes pulls my heartstrings,
I'm so happy you answered my call."

"Nothing on earth can I give you,
O'er the daffodils I never will soar;
Yet you offer a dream far above me
And love out of reach evermore."

"Please, my dear Velvet, now listen,
You must leave your darkness behind,
Force the love in your heart to take wings
And fly into these arms of mine!"

Nuits blanches, Pensées noires,

Cette nuit sombre est au grillon,
Lui seul peut chanter ce soir ;
Et la lune cherche ses rayons
Pour éclairer un ciel trop noir.

Dans une chambre abandonnée
Une odeur de lavande s'ennuie.
Les murs, de vieux rose, tapissés
Tendent les bras, entourent la nuit.

En respirant profondément
Je me transporte les yeux fermés,
Sur les ailes des jours d'antan
Où nous étions, d'amour, bercés.

Des yeux d'argent courent dans ma tête
Un ciel d'étoiles pleurant sur moi,
Elles me rappellent ce qui n'peut être
Je meurs ici, sans Toi et Moi.

Puis un soleil timide et rose
Se réveille du bruit des nuits.
Un nouveau jour prenant sa pose,
La chambre étend son beau tapis.

Les nuits souvent créent des sottises
Sur nos doux souvenirs de jeunesse,
Elles nous remplissent d'un tas d'bêtises,
Puis vient le matin plein de promesses.

White Nights, Black Thoughts

This night belongs to the cricket,
He alone will send out his cry,
And the dark moon seeks its lost rays
To light up a barren black sky.

In a cold and forgotten room
A scent of lavender lingers,
The walls wearing old rose paper
Bind the night with outstretched fingers.

I take a deep breath and, sighing,
Close my eyes and wander away
On the wings of so long ago
When our love o'er all else held sway.

Silvery eyes run in my head,
A sky of stars crying on me...
They remind me what might have been,
That I'll die without you and me.

Then a whisper of shy pink sun
Drives away the dark, noisy night;
A new day that's taking its pose
Fills the room with its rug of light.

Night often creates black shadows
From the memories of our youth,
Bringing old regrets and longings,
But morning brings a new day's truth.

Pas si vite,

Pose ton regard quelques instants
Sur les enfants qui s'amusent,
Ecoute la pluie d'un printemps
Mouiller les pavés chauds de la rue.
Ne danse pas si vite...

Prends-tu le temps de reposer
Sur un papillon ton regard ?
Ou dans ton cœur émerveillé
Absorber de la nature l'Art ?
Le temps est court...

Pousses-tu les heures dès ton réveil
Impatiemment, jusqu'au soir ?
Vers l'autre, inclines-tu l'oreille
En lui donnant un mot d'espoir ?
La musique s'arrêt'ra.

Quand terminée est ta journée
Etendu finalement sur ton lit,
Penses-tu à toutes les corvées
Qu'aujourd'hui tu n'as pas fini ?

Ne danse pas si vite...
Le temps est court...

La dernière fois, te rappelles-tu
Quand, par un Ami, invité,
Malheureusement tu n' l'as pas vu,
Car tu étais trop occupé.

Ne danse pas si vite...
Le temps est court...
La musique s'arrêt'ra.

La vie n'est pas un marathon,
Nous devons mettre les freins ;
Sa douce musique écoutons
Avant que la musique prenne fin.

Echo
Slow Down...

Stop a minute and take a look,
Watch the children at play,
Listen to the springtime rain
Trickle down the paved way.
Slow down...

Take a second to rest your gaze
On a sunny, bright butterfly,
Let your wondering heart observe
Nature's paintbrush on earth and sky.
...Don't dance so fast...

When you awake, don't rush the day,
Pushing every hour toward night,
Take the time to hear another,
Share a dream, a moment's delight.
...The music won't last.

When finally your day is done
And relaxed on your bed you lie,
Think not of unfinished chores
Or the things you let slip by.

Slow down...
Don't dance so fast.

Remember the last time when
A friend invited you to dine,
And you were too occupied,
So his offer you declined.

Slow down...
Don't dance so fast,
The music won't last.

Life is not a marathon,
Step out of the long parade,
Listen to its sweet song
Before the last chorus is played.

Peau de Soie,

Une peau de soie sur le visage
Un vrai plaisir de l'embrasser ;
Une peau de soie de ses mains sages
Douce chaleur elle peut donner.

Un teint si clair pour son âge,
Cette peau lisse que vous enviez.
Ses yeux bleus comme un mirage
Surmontés d'une couronne argentée.

Peau d'Amour et de Douceur,
Je viens de vous décrire ma sœur.

Silk

A face soft as silk to touch,
To place a kiss upon the cheek,
Silky hands filled with wisdom
Bring the welcome warmth that I seek.

So clear is her complexion,
Skin to envy, fragile and fair,
Her blue eyes deep as the sea,
A silver crown indeed her hair.

Love's face is pure silk to me,
For it's my sister I see.

Pillow talk,

Si mon oreiller, de son duvet, pouvait parler,
De belles histoires, les yeux fermés, il conterait ;
Et de mes songes vous pourriez voir les ombres.

Une forêt, arbres géants aux étoiles qui tombent,
Branches d'esprit désincarné au regard de lune
Cherchent la lumière, déchirant ma solitude.

Château de marbre rose au charme des Nocturnes,
Espoir languissant, touchant, sur les notes d'ivoire ;
Fait rougir les passions espérées sans se voir.

Les ombres de mes songes brûlent dans l'encensoir
Prières du réel, au-delà des ténèbres, elles s'élèvent ;
Secrets de l'âme, trésors cachés d'un oreiller fidèle.

Pillow Talk

If my pillow from its down could speak,
Sweet stories it would tell in its sleep...
The shadows of my dreams you would find.

Falling stars in the trees are entwined,
Bright branches borrow light from the moon
To dispel my sad solitude.

White castles wrapped in Chopin's Nocturnes
Spark desire, blushing passion burns...
Longing hope brushing ivory keys.

My prayers ascend to heaven on the breeze,
Rising incense, my dreams softly billow,
My soul's secrets hidden in my pillow.

Réflexions au Naturel

Une jolie libellule habillée de dentelle
Se pose sur ma main et d'un petit clin d'œil
Me dit « Regard'moi bien, et vois comme je suis belle
Dans cette tenue de fête et ma robe de tilleul. »

Les gouttes de rosée jouant du violoncelle
Le long des roseaux tendres qui se penchent doucement
Sous les pattes crochues d'une jeune sauterelle
Faisant des pas de deux au rythme d'un seul temps.

Une montagne se penche au-dessus d'une rivière
Apportant l'écho blanc d'une louve isolée.
Du lointain une réponse que reconnaît l'oreille
Comme deux amants restant pour la vie attachés.

Au son resplendissant, entrée d'un nouveau jour,
Un sourire aveuglant du soleil me réveille,
Il me parle de la joie puisée d'un tendre amour
Que le vent me soufflait en sourdine aux oreilles

Nature's Reflections

A dragonfly adorned in soft lace
Lands on my hand and then winks at me,
"Look at all of my beauty and grace,
My dress of jade and gold filigree."

Dewdrops practice playing the cello
While up and down the reeds gently lean,
And there's a young grasshopper fellow
Who's a two-stepping dancing machine.

A mountain gorge transports a river
And resonates with the she-wolf's cry,
Her distant mate's answer delivers
The lover's call, the longed-for reply.

Vivacious sounds announce a new day,
I awake to the sun's blinding grin
That shares the joy of love on the way
As the wind plays a soft violin.

Sans Toi,

J'ai une vision de Toi
Dans le creux de mon cœur,
Et quand le monde est noir
Elle efface ma douleur.

Le souvenir de Toi
Je garde dans mon âme,
Et quand mes nuits sont froides
Il me couvre de larmes.

J'entends toujours ta voix
Dans mes sommeils sans nuits,
Etendue dans la soie
De mes rêves de minuits.

A l'aube d'un matin
Je verrai ton sourire,
Et tu prendras ma main
Jusqu'aux lieux d'un désir.

Alors je te dirai
Que jamais n'est passé
Une journée d'hier
Sans, de Toi, je rêvais.

Et maintenant tu sais
Qu'éloignée de tes bras
Se conjugue au passé.

Without You

I have a sweet vision of you
In the recesses of my heart,
And when the darkness is dismal
It makes my depression depart.

I have many mem'ries of you
I keep locked tight in my soul,
And when tears fill my empty nights,
I free them and once more am whole.

Your voice whispers softly to me
In the wee hours when I can't sleep,
And it wraps me in the soft silk
Of midnight dreams so warm and deep.

In the dawn of morning's first light
When your sweet smile brightens my day,
You will reach out and grasp my hand,
To desire you'll take me away.

After that I know I'll tell you
That no day or night's ever been
When I didn't dream about you,
Nor will there ever be again.

So by now I'm sure you surmise
That in your arms I realize
"Without you" I cannot survive.

Sous deux cils mouillés,

Au lointain d'une nuit où j'ai dû te quitter
Mes yeux de deuil noyés de larmes solitaires,
Je revois ton visage me priant de rester
Et je veux voyager au-delà de l'hiver.

Peau d'amour tu étais contre moi, fébrilement,
Douceur de velours qui réchauffait mon cœur.
Nos regards de silence si profonds, si fervents
Epelaient tendrement la voix d'un vrai bonheur.

Maintenant nous sentons cet amour si unique,
Comme un parfum très rare, il nous enivre encore.
Des lèvres de mon cœur je partage ce délice
Et t'invite à rêver de notre amour si fort.

Beneath Two Wet Lashes

On that night when I had to leave you,
When my eyes drowned in lonely tears,
I saw your face begging me to stay,
To leave far behind winter's years.

Your love's touch was ever so tender,
A sweet softness that warmed my heart,
Our soft silence so deep and fervent
Brought joy that will never depart.

Can you still feel our love so special?
A rare perfume, it intoxicates,
My heart's lips share this perfect delight
And invite you this dream to take.

Souvent...

Je me demande, où sont ces Mondes disparus ?
Intouchables ils étaient, coulant entre les doigts ;
Leurs souffles ensevelis dans des terres inconnues
Ne pouvant retenir les chacals aux abois.

Souvent...Je retourne sur la fumée des ruines
Où ces Mondes d'amandes et de jasmin vivaient.
Dans les braises assoupies ils refusent de mourir ;
Je fouille assidûment pour l'amour et la paix.

Mon espoir et ma peur, de les revoir en vie
Me mettent le cœur en feu de leurs braises re-nées ;
Mais les vents sont trop forts et prennent mes désirs
Que la girouette du temps de ses dents m'a volé.

Le tumulte des heures et des années qui fuient
Résonne dans mon cœur appelant le retour
De ces Mondes au bonheur où j'aurai pu jouir
Dans les bras de mon Prince qui me faisait la cour.

Often....

...I wonder where our lost Worlds have gone,
Through our fingers they slipped away;
In unknown lands their breath disappeared,
To wild jackals they've become prey.

Often...I go back to the smoke of ruins
Where almonds and jasmine did thrive;
In sleeping embers that do not expire,
I seek love and peace to keep me alive.

Often...I hope and I fear I will find them,
In their embers my heart will burn;
But the winds blow away my desires,
Robbed by time, the weathervane turns.

Deafening days and years run from me,
While my heart cries out for reprise—
These glad Worlds where joy was abundant
And my love was a prince in my eyes.

Sur ces pages,

Sur chaque page de mes pensées
Depuis toujours tu es resté ;
Tout doux, tout doux, j't'ai embrassé,
Et ce jour là tu m'as aimé.

Sur chaque page de mon passé
Depuis ce jour je t'ai bercé;
Plongeant sans peur j'me suis baignée
Dans la douceur d'une nuit d'été.

Sur chaque page...regards mouillés ;
Sans faire de bruit tu m'oubliais;
Le cœur brisé je suis rentrée,
L'Isle de mon cœur s'est refermée.

Sur chaque larme j'ai vu couler
Ma vie en vrac qui s'écroulait;
Jour après nuit ne finissait
De m'emmener où tu étais.

Sur chaque page que j'ai écrit
Mon cœur meurtri n'a pas compris
Que dans l'amour et dans la vie
Sentiers de roses ne sont promis.

Dès lors je dois devenir sage
De mes pensées tourner la page;
Malheureusement je suis l'otage
De cet amour beaucoup trop large.

On These Pages

On each page of my thoughts
You are written indelibly,
So softly we have kissed,
And my heart wished that you loved me.

On each page of my past
I've cuddled you close, oh so tight,
In your sweet embrace I bathed
In the warmth of a summer night.

On each page wet with tears
I'm longing for what might have been,
You have forgotten me,
My lonely heart won't love again.

In each teardrop falling
My broken life tumbles apart,
Day and night I'm begging
For one more chance to win your heart.

On each page I'm writing
My wounded heart can't comprehend
That in life and in love
There's no promise of a good end.

So I must learn wisdom,
I must seek a new page to see;
Alas, I'm held hostage
By a love that won't set me free

Un nom,

Entre le firmament et la mer aux eaux blanches,
A petits pas de loup, mes pensées se balancent,
Ramassant au hasard les feuilles du passé
Tout en pressant mes lèvres sur un nom effacé.

Un nom bordé d'amour et d'un accent vermeil,
Le rossignol d'été le chante à son réveil ;
Mais sa chanson ne peut atteindre le bonheur
Que ce nom mélodieux dépose dans mon cœur.

Plus précieux que le souffle qui lèche la falaise
De nos jours suspendus entre nos deux rivières ;
Et de le prononcer fait trembler les montagnes,
Ce nom est le Trésor qui embellit mon âme.

A Name

Between the sky and a foamy sea
With baby steps my thoughts do sway,
Gathering lifeless leaves of my dreams
While kissing a Name gone away.

A Name etched with scarlet and love
The nightingale sings to the dawn,
But his sweet song cannot reach my soul,
Whose melody that Name has spawned.

Precious as the sea's breath on cliffs,
Like rivers that merge and then part,
To speak it would rumble the earth,
This Name that beautifies my heart.

Un Visage,

Un visage a beaucoup à dire
Dans ses reflets et ses détours,
Nous voyons les lignes du sourire
Et les soucis de certains jours.

De ses fenêtres de verre bleu
Une âme se montre timidement,
Se laisse connaître tout un peu
De son regard silencieusement.

La bouche humide est tentatrice,
Lèvres pétales de rose et vin,
Prêtes à laisser une cicatrice
Sur un cœur mourant de faim.

Un visage ne peut cacher
Ce que l'âme porte sur le dos ;
Comme un livre tout effeuillé
Il donne toujours le dernier mot.

A Face

A face has a story to tell,
Reflecting long trips and detours
In the deep lines around its smile
And the folds of countless contours.

Through its warm and winsome windows
A shy soul becomes like a book,
Sharing its hopes and dreams and fears
In a wistful and silent look.

A moist mouth reaches out to touch
Lips of petals, roses, and wine
And will certainly leave a scar
On a heart seeking love to find.

A face is a mirror of a life,
It bares secrets of souls and hearts,
Like a book of many pages
The last word it always imparts.

Vert d'Amour,

Si j'étais le lierre courrant sur ton mur,
Jamais ne fanerait mon éternelle verdure.
Et sans te dire un mot, de mes branches amoureuses
Je m'accroch'rai à Toi d'un regard audacieux.

Au cours de nos saisons, no pluies et nos soleils,
Les doigts de mes racines te tirant du sommeil
Te chanteraient l'Amour qui n'a pas de demains
Car « Toujours » est son nom du soir jusqu'au matin.

Cet Amour vert et vif saurait toujours cacher
Les fissures que le temps méchamment veut donner.
Sur les rayons de joie de nos quatre jeunesses
Un défi nous jett'rons sur ce mur qui nous presse.

Everlasting Love

If I were the ivy on your wall,
My greenery would last till time's end;
Branches reaching out in silent love,
I'd grasp tight till all strength I'd expend.

In our suns and rains of all seasons
My quiet roots would rouse you from sleep
And sing in harmony a love song,
Its name, "Always," our sweet love would keep.

The depth of our love would protect us
From time's cracks and the breaks of strife;
In our youth we would find brimming joy
And defy the weighty wall of life.

The End

www.ingramcontent.com/pod-product-compliance
Lightning Source LLC
Chambersburg PA
CBHW051839040426
42447CB00006B/610

* 9 7 8 0 5 7 8 7 5 1 9 2 4 *